CONSIDÉRATIONS

SUR

LA LISTE CIVILE,

PAR M. GRÉGOIRE,

ANCIEN ÉVÊQUE DE BLOIS.

Se vend au profit des Blessés

DANS LES JOURNÉES DES 27, 28 ET 29 JUILLET.

PRIX : 50 CENTIMES.

PARIS,

CHEZ LES MARCHANDS DE NOUVEAUTÉS.

1830

LISTE CIVILE.

Sɪ les nations ne sont pas encore rassasiées de royauté, assurément ce n'est pas la faute de ceux qui en sont revêtus, car la conduite de la plupart d'entre eux et de leurs ministres ne peut que décrier cette forme de gouvernement. On a *royalisé* l'hypocrisie, la déception, le parjure, surtout dans le midi de l'Europe, à tel point que *parole de roi* et *parole punique* sont presque synonymes. Décrier la monarchie, ce n'est pas leur projet, de même que décrier la religion n'est pas celui du clergé, et cependant, il faut l'avouer, si de part et d'autres certains personnages s'étaient concertés pour flétrir leur état et leurs doctrines, auraient-ils agi différemment? Tant il est vrai que la passion offusque la raison et s'associe à la démence!

Un célèbre étranger disait que les Français avaient passé à travers la liberté. Peut-on s'étonner qu'une nation si indignement vexée, si persévéramment trompée, ait parcouru les extrêmes? Mais tel n'est pas le caractère de la révolution dernière, où l'héroïsme du courage s'est embelli par l'héroïsme de la modération :

fasse le ciel qu'il en soit toujours de même !

Jadis un philosophe donna aux Athéniens, non les lois qui lui paraissaient les meilleurès, mais les mieux adaptées à leur situation, à leur caractère. Une considération de même genre a fait prévaloir, dit-on, le système politique qu'on vient de proclamer. Il est permis de croire qu'une base monarchique n'est pas la plus solide pour asseoir l'édifice social ; mais l'anarchie, c'est-à-dire l'absence de gouvernement, serait un fléau plus redoutable encore qu'un gouvernement défectueux. En conservant une théorie républicaine, en s'affligeant des obstacles qui en repoussent l'application, il faut s'incliner devant la volonté nationale, et remplir, par conscience, un devoir que tant d'autres ne rempliront que par des calculs de crainte, d'ambition, d'intérêt. Réconcilier la royauté avec la liberté, c'est une tentative au succès de laquelle j'applaudirais. Puisqu'on nous promet une *monarchie démocratique*, tâchons d'en effacer les anomalies et d'en rectifier les imperfections. Tel est le but de cet opuscule dicté par l'amour de la patrie, et non par une intention hostile.

Roi, président, mayeur, empereur, duc, régent, ces titres, d'après l'étymologie, ont une acception à peu près identique. Quelle opinion peut-on se former des cinq rois vaincus par Abraham, à la tête de ses trois cent dix-huit serviteurs? des trente et un rois défaits par Josué? des soixante-dix rois auxquels Adoni-bezec avait fait couper les pieds et les mains, et qui, en se traînant, ramassaient avec leur langue les miettes de sa table (1)? C'étaient moins que des rois d'Ivetot, c'étaient des maires de bourgades, à peine comparables aux sachems des sauvages du Canada, et aux roitelets de certaines tribus africaines. Mais les Pharaons, les rois d'Assyrie, de Perse, et d'autres potentats, maîtres de contrées populeuses et fertiles, y appelèrent toutes les jouissances du luxe. Le titre de roi devint un prestige autour duquel se groupaient les idées de puissance, de magnificence et d'un culte qui confine à l'idolâtrie. Ce prestige, surnageant à tous les siècles, s'est perpétué jusqu'à nos jours.

Liste civile est l'expression moderne qui désigne le traitement accordé au chef de l'Etat. Le régime républicain est incontestablement le moins cher. Un ministre favori de Louis XVIII, en avouant à la tribune des députés que la

____

(1) Genes. xiv. Josué, xii. Judic. i, 7.

monarchie est plus coûteuse, oubliait sans doute que cet aveu militait contre la royauté. Jadis, en France et en d'autres pays, les monarques n'avaient de revenu que celui des domaines de la couronne. Le célèbre capitulaire *de Villis*, par Charlemagne, offre quelques traces de cet ordre de choses.

La fixation d'un traitement au chef d'un Etat n'a lieu que sous un régime constitutionnel : c'est une barrière que repousse le despotisme, illimité dans ses dépenses comme dans ses prétentions.

La France, pressurée par Louis XIV, épuisée d'hommes et d'argent, était agonisante sous le poids des impôts que nécessitaient les guerres entreprises pour assouvir l'orgueil du maître, la somptuosité de ses palais, de ses fêtes; l'entretien de ses concubines, de ses bâtards. Dans l'incertitude s'il pouvait aggraver d'un dixième le fardeau qui écrasait la nation, il consulte le jésuite Le Tellier, son confesseur. Les cours ne manquent jamais de casuistes qui mettent les consciences au large : Le Tellier, peu de jours après, lui remet une consultation, non de la Sorbonne, comme on l'a dit, mais de quelques Escobars sorbonnistes, portant que tous les biens des sujets sont au roi et qu'il ne fait que disposer de ce qui lui appartient. Il est fâcheux que le duc de Saint-Simon n'ait pas inscrit dans ses Mémoires les noms de ces docteurs en Israel, devenus prophètes de Baal. La France, sous Louis XIV, fut couverte des lauriers de la victoire et des haillons de la misère ; il mourut chargé des éloges des poètes et de la malédiction des peuples.

La détresse s'accrut sous le règne de son successeur, le Sardanapale moderne. Les impôts furent dévorés par les harpies de la cour, et s'écoulèrent dans le sein des prostituées. Ces monumens honteux nommés les trois *livres rouges* nous apprennent que, du 17 janvier 1773 au 16 avril 1774, c'est-à-dire en quinze mois, la Dubarry reçut du trésor royal 2,400,000 francs.

A Louis XV, abruti par la débauche, succède un roi qui respecte les mœurs ; mais les *livres rouges* attestent que sous Louis XVI les déprédations continuent. 14,600,000 francs sont absorbés par les dettes du comte d'Artois, et 1,200,000 sont accordés au duc de Polignac en 1782, pour couvrir par une vente simulée le don du comté de Fénétrange.

Les dilapidations de la Cour, qui avaient dévoré le trésor, les scandales, le libertinage de

la Cour, qui avaient relâché tous les liens mo-
raux, voilà les causes majeures auxquelles se
rattachent les événemens secondaires qui ont
enfanté la révolution. Dans la détresse générale,
il fallut parler d'économie, et la Cour supprima
le *vautrait* ou équipage de chasse du sanglier,
qui coûtait 40,000 francs. Un sacrifice si mes-
quin n'était guère qu'une dérision; mais enfin
il fallut convoquer les États-Généraux, toujours
aussi redoutés par les rois que le sont les con-
ciles œcuméniques par les papes.

Les monarchies européennes sont presque
toutes accablées de dettes. Les *deficit* sont des
gouffres creusés par la prodigalité des gouvernans. Pour les combler, ils grimaceront la ten-
dresse envers les gouvernés, et parleront de
bonté paternelle qu'on ne leur demande pas,
pour se dispenser d'actes de justice qu'on demande et qu'on a droit d'exiger. A leur avis, les
nations ne sont jamais assez éclairées pour jouir
de la liberté, mais assez pour obéir sans ré-
plique et payer. Peuples abusés, sondez la pro-
fondeur de ces gouffres; et comme nous, Français, vous y retrouverez le titre de votre impres-
criptible souveraineté et la charte de vos droits.

La Grande-Bretagne fut long-temps considé-
rée en Europe comme la terre classique de la

liberté; beaucoup de membres de l'Assemblée constituante étaient imbus de cette prévention à tel point, que pour eux l'ouvrage de Delolme n'était pas seulement un livre bon à consulter, mais le répertoire des modèles à suivre.

Lors du rétablissement des Stuarts, un enthousiasme réel ou factice grossit la liste civile du libertin Charles II. Sous la domination des Brunswicks, l'historien Hume nous montre à certaine époque une liste civile de 800,000 liv. sterlings (vingt millions), le roi ayant consenti à ce que les revenus héréditaires de la couronne fussent employés de la manière la plus utile et la plus agréable au public (1).

Mais en 1769 un message de Georges III annonce au Parlement qu'un déficit de son revenu l'a forcé de contracter une dette qui s'élève à 513,511 livres sterlings (12,837,775 fr.). Après des débats très-animés pendant trois jours, la somme est accordée (2).

Dans les dernières années de Georges III, un écrivain des États-Unis fit le relevé des fonds accordés à ce roi depuis le commencement de son règne et à sa famille, tant pour la liste que

(1) *Histoire d'Angleterre*, par David Hume, in-8. Paris, 1826, t. xvi, p. 24.

(2) *Ibid.*, p. 406.

pour leurs dettes. L'auteur prouvait que la somme totale eût suffi à salarier un président des États-Unis depuis la création du monde (chronologie mosaïque) jusqu'à l'époque actuelle, et pour deux mille ans au-delà.

Plagiaire de moi-même, j'insère ici un passage de l'*Histoire des sectes religieuses.*

« La nation anglaise, respectable sous tant de rapports, a plus qu'aucune autre exercé une influence souvent salutaire dans diverses contrées du globe ; mais sa constitution politique est atteinte d'un vice radical, que je vais citer, et qui n'est pas le seul.

» Déclarer que le roi est inviolable et lui accorder les facilités pécuniaires pour intriguer, corrompre, susciter des troubles, c'est détruire d'une main ce qu'on édifie de l'autre. Cette contradiction peut se traduire en ces termes :

» Vous êtes irresponsable, parce qu'une fiction légale suppose que vous ne pouvez faire aucun mal, mais néanmoins nous vous donnons tous les moyens d'en faire impunément. L'irresponsabilité avec une liste civile beaucoup moindre ne serait-elle pas plus sage, plus conforme à l'intérêt national (1) ? »

(1) *Histoire des sectes religieuses*, in-8. Paris, 1828, t. iii, p. 103 et 104.

L'Assemblée constituante, voulant régler les dépenses, mais se piquant de délicatesse, invita Louis XVI à fixer lui-même sa liste civile. Les 25,000,000 demandés furent accordés par un vœu presque unanime, car on ne vit que quatre opposans ; celui qui raconte cette anecdote était du nombre ; et cependant Louis XVI, lors de sa fuite à Varennes, dans sa protestation contre les décrets de l'Assemblée nationale, se plaint de n'avoir pour liste civile que 25,000,000. C'était là un oubli bien étrange et une insigne maladresse, car, en y joignant les domaines de la couronne, il n'avait guère à dépenser journellement qu'une centaine de mille francs.

Sous Napoléon, on voit aussi une liste civile, mais il disposait en outre des contributions dont on frappait les pays conquis, et de tout ce qui composait le domaine extraordinaire.

Aux impôts qui, sous l'empire et sous la royauté, grevaient la nation, ajoutez les frais extraordinaires pour célébrer les anniversaires de naissance, pour l'achat et l'inauguration de portraits et de bustes, pour des voyages de princes et de princesses dans les départemens, les illuminations, les décorations, les arcs de triomphe, les banquets somptueux, qui engloutissaient les revenus des communes, auxquelles rien ne restait pour entretenir les ponts, les chemins vicinaux, les écoles, les hospices. Mais ces communes n'étaient-elles pas amplement dédommagées quand un maire, un sous-préfet, un préfet obtenaient un ruban, un titre nobiliaire, un grade plus élevé, un poste plus lucratif ?

Il existe encore en Europe tel pays où, soit raison, soit nécessité, la royauté a un entourage plus modeste. C'est la cour d'un roi jadis républicain et qui a fait des instances réitérées auprès du shorting de Norwége, pour obtenir l'autorisation de créer des nobles, et cela, à une époque où l'importance attachée aux parchemins héraldiques décroît dans une progression si rapide, que bientôt peut-être la noblesse sera complètement démonétisée. La liste civile du roi de Suède, y compris sa famille, n'excède pas 1,200,000 fr. On peut douter si, dans une monarchie quelconque, c'est le dernier terme de réduction auquel on puisse descendre.

Il y a si long-temps que divers peuples paient chèrement pour être mal gouvernés ! Ils conçoivent enfin qu'on peut l'être mieux et à meilleur compte. Le problème d'une excellente organisation politique a été résolu, sinon en entier, du moins approximativement, chez une nation brillante des grâces de la jeunesse unies à la force de l'âge viril.

Le traitement annuel du président des Etats-Unis est de 25,000 dollars, ou 125,000 francs de notre monnaie, traitement inférieur à celui dont jouirent long-temps des ministres et des ambassadeurs français : or, dans les soixante-six ministres, depuis ce qu'on appelle si improprement restauration jusqu'à la chute de nos Stuarts, montrez-nous des Jefferson, des Monroe. Si, comme on le prétend, la liste civile de Charles X s'élevait au moins à 40,000,000 fr., cette somme eût suffi (calcul juste) pour payer la présidence des États-Unis pendant trois cent vingt ans.

Un traité, publié en 1824 par Legraverend, contient quelques observations sur la liste civile. Trop abondante, elle pourrait suggérer le projet d'opprimer les peuples. Un autre écueil à prévenir, c'est la fourberie, qui, rangeant les courtisans et les serviteurs de la royauté sous certaines dénominations, les rattacherait illusoirement à des services publics pour les salarier des deniers de l'État.

Jusque là Legraverend est irréprochable ; mais en évitant la prodigalité, il veut qu'on accorde au prince les moyens de satisfaire *les besoins de son cœur, et même, jusqu'à un certain point, les caprices de sa faveur* (1). Viennent ensuite les lieux communs sur *la dignité du trône, l'éclat de la couronne, une magnificence inséparable des cours;* comme si une cour était un besoin de l'État. Avec ces locutions pompeuses et vagues, qui ne sont jamais rigoureusement définies, on peut donner aux dépenses une extension illimitée.

La politique n'est que la morale appliquée aux grandes sections de la famille humaine. La justice, le courage, la franchise, la vertu, épanchant sur la société leurs douces influences, encourageant les bonnes mœurs, les sciences, les arts, de manière que la paix, le contentement pénètrent jusque dans les plus humbles réduits : voilà la vraie splendeur, à laquelle ne peuvent contribuer des frêlons affamés qui ravagent la récolte des abeilles.

Pour fixer les idées dans la question qui nous occupe, certes, personne ne proposera de remonter à ces temps antiques où la princesse Nausica allait elle-même laver son linge à la rivière; on ne citera même que comme caractéristique de l'époque et du pays l'anec-

(1) *Des lacunes et des besoins dans la législation française en matière de politique,* in-8. Paris, 1824, t. 11, ch. xi, p. 284 et suiv.

dote d'une reine au-delà des Pyrénées qui, accusée d'avoir aggravé les dépenses par l'achat d'un jupon de velours, s'excusait en alléguant que la moitié seulement était de velours. Il est des choses que ne comporte plus l'état présent des sociétés politiques : entre la lésinerie et la profusion, une sage économie tient le milieu.

Le prix des choses consommables étant sujet à varier, au lieu de fixer la liste pour la durée de chaque règne, ne conviendrait-il pas de la décréter *annuellement*, comme le budget ? Des considérations morales et d'intérêt public qu'il serait facile de déduire paraissent appuyer cette demande.

La liste doit être calculée sur les besoins du chef de l'État et sur les ressources de la nation pour y subvenir. Nous parlons ici de ses besoins réels, comme individu et comme gouvernant, et non des besoins factices.

Les impôts, arrosés des sueurs et souvent des larmes des contribuables, doivent être justifiés par leur emploi, sinon ils seraient concussionnaires. Un écu dépensé sans nécessité est un vol. Prouvez-nous donc qu'il était utile de donner 1,240,000 fr. pour une ambassade extraordinaire au couronnement d'un autocrate du Nord. De pauvres habitans des Landes, des

Cevènes, couverts de lambeaux, nourris de pommes-de-terre, auront économisé péniblement quelques deniers de misère et fourni leur contingent pour qu'un maréchal de France (Marmont) aille faire danser des dames russes à Moscou ; après cela, parlez-nous de conscience, de dévotion, de morale : un feu d'artifice, un bal destiné à l'amusement de quelques oisifs, consume en quelques momens les contributions de vingt communes, dont les habitans ont abrégé leur repos pour alonger les heures de travail dans les champs, dans les ateliers : à l'allégresse des palais correspondent les sanglots des chaumières.

Quelqu'un a dit que sous le dernier gouvernement la diplomatie française n'était guère qu'une succursale de l'émigration. Que de personnages et de titres à élaguer dans cette hiérarchie d'ambassadeurs, de plénipotentiaires, d'envoyés, de chargés d'affaires, dont les fonctions pourraient être remplies par des consuls ! D'ailleurs les agens diplomatiques ne doivent-ils pas être à la charge de la liste civile, comme les conseillers d'état, comme les ministres, comme les gardes-du-corps, si un monarque a la fantaisie de s'entourer de ce qu'on appelait maison militaire, superfluité dangereuse que ne connurent jamais Washington, ni ses successeurs?

L'*Almanach royal* de 1830 sera pour l'histoire un répertoire très-curieux. On n'y voit pas, à la vérité, comme avant la révolution, un *aumônier du grand chenil*, un *capitaine des levrettes de la chambre*, des *brevets d'affaires* en titres et même en survivance; mais, à commencer par le clergé, outre le chapitre inutile de Saint-Denis, qui coûte à la nation 200,000 fr., dans la maison du roi on trouve une cinquantaine d'ecclésiastiques bien payés pour ne rien faire. Avec ces sinécures on eût pourvu de pasteurs tant de paroisses abandonnées auxquelles ne peuvent suffire de malheureux succursalistes réduits à un traitement modique, et qui, pour surcroît de douleur, peuvent être congédiés par le despotisme capricieux d'un évêque !

Les fainéans titrés abondent dans cet Almanach; outre les *gentilshommes ordinaires, ordinaires surnuméraires, ordinaires honoraires,* on y compte deux cent cinquante-neuf *gentilshommes honoraires,* barons, comtes, vicomtes, ducs, princes, marquis, car en ce genre la France est d'une exubérance excessive. Puis viennent les écuyers cavalcadours, puis les menins du dauphin, puis une kyrielle d'aides-de-camp du duc de Bordeaux...... Des aides-de-camp à un enfant! pourquoi pas aussi un barbier? N'éprouve-t-on pas un serrement de cœur? N'est-on pas contristé en voyant l'homme se ravaler à ce point, quand on réfléchit sur sa destination sublime d'après les vues du Créateur?

Il est à regretter que les *livrets des chasses*, imprimés à très-petit nombre d'exemplaires, soient si rares. Jamais on n'employa plus de luxe typographique pour tant d'inutilités; dans celui de 1821, le budget seul du grand-veneur était de 600,000 francs. Un exemplaire du livret de 1828, soustrait à la clandestinité, a fourni aux journaux quelques extraits. Ils auraient pu ajouter que, sur les quatorze mille pièces de gibier tirées par la famille royale, chacune n'a coûté que 151 fr. et quelques centimes, y compris trois rats.

Sans être coupable de jugement téméraire, on peut croire que la liste civile soudoyait les missionnaires nomades qui ont fatigué les diocèses, et qu'elle fomentait les trames ourdies sous le voile de l'ascétisme : tant d'hypocrites, autrefois contempteurs des autels, improvisèrent une dévotion financière qui leur assurait le monopole des places, des dignités, des faveurs auliqùes ! L'argent du peuple a payé les massacres de la rue Saint-Denis ; l'argent du peuple a payé les bourreaux du peuple dans cette conspiration dont il vient de triompher et dont il doit recueillir le fruit.

Errans en Europe pendant un quart de siècle, les Bourbons ne purent jamais à l'école de l'adversité se pénétrer du principe si simple, si vrai, que les gouvernans ne sont tels que par le peuple et pour le peuple.

Depuis 1789 une ère nouvelle a commencé, non-seulement pour la France, mais pour le monde. Ces grands troupeaux, appelés nations, que le despotisme peut encore tondre à son gré ou envoyer à la boucherie, après avoir si long-temps mouillé de pleurs et rongé leurs fers, finiront par les briser. Déjà elles sont unies d'intention pour former cette sainte alliance qui a la sanction anticipée de la nature et de l'Évangile.

Albion, jadis rivale et présentement émule de la France, sympathise avec nous. Les tricolores, déployés chez elle par un mouvement spontané, sont le gage d'une effusion de bienveillance entre deux peuples faits pour s'estimer et s'aimer. Plaise au ciel que leur union soit indissoluble !

En Autriche, en Russie, le soldat et son fusil ne sont encore que des machines construites différemment. En France, le militaire comprend, et ailleurs il entrevoit, que l'obéissance peut être passive sans être illimitée, et que les prétentions du despotisme ne doivent jamais étouffer la voix de la patrie.

L'éducation politique des Français, depuis quarante-deux ans de révolution, paraissait tardive aux vétérans de la liberté, mais la liberté se trouve en famille dans les générations nouvelles. Un sens droit, une rectitude de conduite dans les classes de la société les moins cultivées, apprécient les hommes sur leur mérite intrinsèque, et non sur les titres féodaux et les costumes chamarrés dont se décorent tant d'individus qui ont la tête vide de raison et bouffie d'orgueil. Ce peuple sait très-bien qu'un artisan, un laboureur, un garde-champêtre sont plus utiles au monde que tous les caudataires, toutes les dames d'atours, tous les grands vicaires *honoraires* et chanoines *honoraires*, éclos par milliers depuis le concordat, et tous les gentilshommes *honoraires de la chambre*, passés, présens et futurs.

Ces détails ne sont pas superflus, ils se rattachent aux vues économiques qui doivent présider à la fixation de la liste civile. Laissons aux rhéteurs, aux flatteurs leurs phrases sonores sur la dignité du trône, les pieds du trône, les discours du trône, la majesté du trône, qui ne peut être que le reflet de la majesté nationale. Pour établir des calculs relatifs à la liste civile, les points de départ ne peuvent être la battologie adulatrice, ni l'étendue du territoire, ni la masse de la population. Les États-Unis en ont une de 10 à 12 millions, disséminée sur une région beaucoup plus vaste que la France, et l'on sait quelle est la liste civile du président de cette république. En triplant la somme pour un pays d'une population triple, elle ne s'élèverait encore qu'à 375,000 francs. Si ce rapprochement vous choque, n'y voyez que la citation d'un fait, et non un conseil.

Notre dette nationale, quoiqu'inférieure à celle de l'Angleterre, est énorme; l'aspect d'un tel fardeau doit tempérer la propension à la générosité.

Par une fiction légale, le monarque et ses successeurs étant irresponsables, il importe de les soustraire à la tentation, et de ne pas leur donner les moyens de renverser impunément la liberté publique, puisque la loi ne pourrait les atteindre : le gouvernement défunt nous laisse à cet égard des souvenirs ineffaçables.

Une commission formée récemment fait espérer des notions positives sur les domaines de la couronne, dont peut-être on a exagéré le produit. Répétons néanmoins qu'il était moindre aux époques où les rois n'avaient pas d'autres revenus. Mais, nous dit-on, une partie est absorbée pour l'entretien des maisons royales. J'attendais cette objection, qui aurait quelque poids s'il était prouvé que, pour bien gouverner, douze ou quinze châteaux sont nécessaires à celui qui tient les rênes du gouvernement, outre ceux dont il est propriétaire : les Tuileries, le Louvre, Bagatelle, tant de fois cité niaisement dans nos gazettes, Meudon, Saint-Cloud, Versailles, Trianon, Rambouillet, Compiègne, Fontainebleau, Chambord, Pau, Bordeaux, Strasbourg. Faut-il de nouveau chercher par-delà l'Atlantique des termes de comparaison ? On conçoit que la plupart de ces édifices pourraient avoir une destination plus avantageuse. D'ailleurs, n'oublions pas que plus les châteaux sont multipliés dans un pays, plus les chaumières y sont nombreuses, parce que les uns ont trop et les autres trop peu.

On parle d'une réduction de la liste civile à

12,000,000 fr. : en négligeant les fractions, c'est
par jour 33,333 fr. Cette somme exorbitante
s'accroît par les revenus des domaines de la
couronne, et non compris les biens particu-
liers de la famille régnante. Il se pourrait (et
l'histoire burinerait ce fait avec admiration),
il se pourrait que le roi lui-même fût plus sé-
vère à exiger des réductions sur la liste que
ceux qui doivent la décreter; car dans le nombre il en est qui, n'ayant vu la royauté que
dans le lointain, sont encore fascinés par la
perspective qui grossit les objets; contempo-
rains de la génération actuelle, ils appartien-
nent au siècle de Louis XIV par leur ten-
dance à la servilité. Déjà les membres d'une
des trois autorités qui composent la législature,
dans une adresse obséquieuse au roi, se disent
ses *fidèles sujets*. Ce langage est-il tolérable
chez un peuple qui ne doit connaître que des
citoyens *sujets à la loi* et respectueux envers
celui qui est investi du pouvoir exécutif?

Depuis 1814, la France a été la proie de l'é-
migration ecclésiastique et nobiliaire, qui, avec
un zèle imperturbable et un déplorable succès,
a provigné l'ignorance, le bigotisme et l'ultra-
montanisme. Des sommités sociales jusqu'aux
dernières ramifications, les places furent dévo-

lues aux séides de la conspiration. Dans les tribunaux, les prétoires, et jusque dans le sanctuaire, elle eut pour complices des hommes qui ont suivi toutes les bannières, arboré toutes les couleurs, professé toutes les doctrines, et qui ont en réserve un fonds disponible de *fidélité inviolable* pour tous les régimes. Les décombres du Directoire, de l'empire et de la royauté, sont un mobilier qu'on peut acheter ou louer. Pour ces Janus à trente faces, un gouvernement quelconque n'est qu'une ferme à exploiter, une curée à partager.

La probité politique est plus rare que la probité civile, qui cependant n'est pas très-commune. L'ineptie et le crime, sauf quelques rares exceptions, gouvernent le monde, et les plus grands criminels ne sont pas toujours ceux qu'on jette dans les bagnes ou qu'on envoie à l'échafaud.

Un nouvel ordre de choses qui vient de surgir sourit à nos vœux, mais lorsqu'à des hommes distingués par l'éminence des vertus et des talens, on associe des Protées tels que ceux qu'on vient de signaler, il est impossible d'élever nos espérances au niveau de nos désirs.

Les observations qu'on vient de lire sur notre situation politique, et spécialement sur la liste civile, ne sont qu'une esquisse très-informe, une série d'idées incohérentes; c'est un germe qui peut être fécondé. L'auteur en les traçant n'a voulu ni fronder la puissance ni la courtiser.

PARIS, IMPRIMERIE DE DECOURCHANT,
Rue d'Erfurth, n° 1, près de l'Abbaye.